LES DISCOURS

DE

GUILLAUME II

PENDANT LA GUERRE

Recueillis par Mme Marie MÉRING

ÉDITIONS BOSSARD

43, RUE MADAME, 43

PARIS

1918

PRIX : 1 fr. 80

LES DISCOURS DE GUILLAUME II
PENDANT LA GUERRE

LES DISCOURS

DE

GUILLAUME II

PENDANT LA GUERRE

Recueillis par Mme Marie MÉRING

Traduits par Mme A. H., professeur agrégé de l'Université

ÉDITIONS BOSSARD

43, RUE MADAME, 43

PARIS

1918

PRÉFACE

Il nous a paru intéressant de faire revivre les discours, les allocutions et les proclamations prononcés par Guillaume II depuis le début de la guerre.

Nous les avons fidèlement traduits, d'après les textes allemands (Deutscher Geschichtskalender, Frankfurter Zeitung, Norddeutsche Allgemeine Zeitung).

Cependant, en rassemblant ces discours nous avons cru pouvoir en exclure quelques-uns qui ne présentaient pas de rapport direct avec la politique ou la situation générale à l'heure où ils étaient prononcés ; nous avons pensé pouvoir aussi supprimer certaines parties de discours qui se trouvent dans tous les textes : remerciements et reconnaissance à l'armée — remerciements au peuple qui travaille à l'arrière pour envoyer à l'avant les munitions nécessaires — remerciements aux femmes pour leur courage — exhortations à la prière.

Suivant ainsi l'empereur qui prend parfois l'allure d'un personnage de légende, qui reflète aussi l'âme du peuple allemand dont il est l'agrégat, la personnification, nous le verrons soulever un peu le voile qui cache tout caractère humain.

Nous le verrons surtout et d'abord impulsif, ne maîtrisant pas sa pensée devant les événements et les émotions de l'heure où il parle.

Guillaume II sera tour à tour vindicatif, arrogant, inquiet, sombre, théâtral, familier, mystique, prophétique, déprimé.

Le 31 juillet 1914, le jour de la déclaration de l'état de danger de guerre (Kriegsgefahrzustand) l'empereur est vindicatif, arrogant : « Une guerre exigerait du peuple allemand d'énormes sacrifices en biens et en existences ; mais nous montrerions à nos ennemis ce qu'il en coûte d'attaquer l'Allemagne. »

Vindicatif et arrogant encore en 1915 (7 février) : « Je dicterai les conditions de paix avec la pointe des baïonnettes de mes soldats. »

N'évoque-t-il pas un héros des légendes? N'est-ce pas à Siegfried que nous pensons quand, le 11 août 1914, au départ de Potsdam du 1ᵉʳ régiment de la garde à pied, il tire son épée, la brandit au-dessus de sa tête et s'écrie : « Je tire l'épée que, sans honneur et sans être victorieux, je ne puis remettre au fourreau... Vous êtes garants que je puis dicter la paix à mes ennemis. »

Au contraire, quand il s'adresse au 28ᵉ régiment de réserve de Cologne, c'est le ton familier qui convient et qu'il emploie pour encourager les « gars de Cologne » à qui il va même jusqu'à parler de leurs petites amies (21 janvier 1915).

31 juillet 1915 : Guillaume II est sombre, il s'inquiète (l'Italie a déclaré la guerre à l'Autriche) : « Devant Dieu et devant l'histoire ma conscience est pure, je n'ai pas voulu cette guerre. »

Nous ne préjugeons pas de son caractère religieux. C'est fait connu et établi qu'il invoque Dieu, « le Dieu de l'Allemagne », chaque fois qu'il s'adresse à ses troupes ou à son peuple. Mais c'est mystique que l'empereur apparaît le 20 août 1915, quand parlant aux troupes saxonnes de leurs parents priant pour eux au foyer : « Ils étaient derrière vous les mains élevées pour supplier le Tout-Puissant et les nuages se déchirèrent et le Dieu des armées abaissa ses regards sur vous. »

Il prophétise même (22 décembre 1917) : « Le peuple allemand a dans le Dieu des armées, là-haut, un allié en qui il peut avoir toute confiance. Il peut entièrement compter sur lui. »

Cependant, le 6 avril 1917, l'Amérique ayant déclaré la guerre à l'Allemagne il s'irrite : « Si nos ennemis veulent prolonger les maux de la guerre, ceux-ci pèseront plus lourdement sur eux que sur nous » *(1ᵉʳ août 1917). Et quand les alliés refusent ses offres de paix (22 décembre 1917), il nous semble entendre les éclats désordonnés d'un dieu irrité :* « Si l'ennemi ne veut pas de la paix, il faudra que nous donnions la paix au monde en forçant, avec notre poing de fer et notre épée flamboyante, les portes de ceux qui ne veulent pas la paix. »

Mais le calme se rétablit dans l'Olympe après la signature de la paix de l'Ukraine (10 février 1918). L'empereur se sent choisi par Dieu pour régénérer le monde dans une paix allemande : « Nous autres Allemands, nous devons nous employer à hâter la venue des temps meilleurs... Nous devons donner la paix au monde..... Une paix telle qu'elle est nécessaire pour assurer un puissant avenir à l'empire allemand et qui fera sentir son influence sur le cours de l'histoire du monde. »

18 juin 1918 : Guillaume II est déprimé : sent-il que, malgré les offensives heureuses sur le front de France la victoire lui échappe? Il dégage sa responsabilité vis-à-vis de l'Allemagne : Le peuple allemand ne vit pas clairement quand la guerre éclata quelle signification elle aurait ; je le savais très exactement... Je savais très exactement de quoi il s'agissait, car la participation de l'Angleterre signifiait la guerre mondiale voulue ou non. »

Sombre toujours, le 31 juillet, n'évoquant plus le poing de fer et l'épée flamboyante, il devient mystiquement triste : « les armées américaines ne nous effrayent pas, ni la supériorité numérique... C'est l'esprit qui apporte la décision. »

Et le mysticisme atteint des régions si nébuleuses à Essen, le 11 septembre 1918, que l'intelligence a quelque peine à saisir l'idée de négation dont à cette heure Guillaume II fait découler la guerre : « En ce monde le bien lutte contre le mal, c'est ainsi que le Ciel en a décidé : le oui et le non. Le non de celui qui doute contre le oui de celui qui trouve, dirai-je volontiers. Le non du pessimiste contre le oui de l'optimiste, le non de l'incrédule contre le oui du héros de la foi, le oui du Ciel contre le non de l'Enfer·

M. M.

Paris, le 15 octobre 1918.

ALLOCUTION DU 31 JUILLET 1914

> *« Une guerre exigerait du peuple allemand d'énormes sacrifices... Mais nous montrerions à nos ennemis ce qu'il en coûte d'attaquer l'Allemagne. »*

La déclaration de l'état de danger de guerre *(Kriegsgefahrzustand)* avait attiré, pour le retour de l'empereur à Berlin, une foule énorme sur l'avenue des Tilleuls *(Unter den Linden)*. L'Empereur paraît au balcon et prononce l'allocution suivante :

C'EST un jour pénible pour l'Allemagne. De toutes parts des envieux nous forcent à la légitime défense; on nous met l'épée dans la main. Si, à la dernière heure, mes efforts ne réussissent pas à amener nos adversaires à s'entendre avec nous pour maintenir la paix, j'espère, avec l'aide de Dieu, que nous manierons l'épée de telle façon que bientôt nous pourrons la remettre dans le fourreau avec honneur.

Une guerre exigerait du peuple allemand d'énormes sacrifices, en biens et en existences; mais nous montrerions à nos ennemis ce qu'il en coûte d'attaquer l'Allemagne.

Et maintenant je vous recommande à Dieu.

Allez dans les églises. Agenouillez-vous devant Dieu et priez-le d'aider notre vaillante armée.

(Deutscher Geschichtskalender.)

ALLOCUTION DU 1ᵉʳ AOUT 1914

A Berlin, la foule l'appelle au balcon. Il fait signe qu'il veut parler :

SI nous devons en venir à la guerre il n'y aura plus de partis, nous ne serons plus que des frères allemands. Je sais bien qu'en temps de paix j'ai été attaqué par un parti ou l'autre, mais maintenant je le leur pardonne de tout cœur. Si nos voisins ne veulent plus de la paix, nous espérons et nous souhaitons que notre bonne épée allemande sortira victorieuse du combat.

(Deutscher Geschichtskalender.)

DISCOURS ADRESSÉ AU REICHSTAG
LE 4 AOUT 1914
PRONONCÉ DANS LA SALLE BLANCHE
DU CHATEAU DE BERLIN

> « *Pour me montrer que vous êtes résolus sans distinction de parti, sans distinction de classe ou de religion, à me suivre partout et toujours, même dans la détresse et jusqu'à la mort, j'invite les chefs de partis à venir me serrer la main comme preuve de leur serment.* »

Messieurs,

A cette heure où le destin va parler, j'ai rassemblé autour de moi les représentants élus de l'Empire. Pendant presque un demi-siècle nous avons pu nous maintenir dans une voie pacifique. Les essais qu'on a faits pour prêter à l'Allemagne des intentions belliqueuses et amoindrir sa situation mondiale ont souvent mis la patience de notre peuple à une rude épreuve. Avec une honnêteté que rien n'a pu troubler, mon Gouvernement a même, au milieu des circonstances qui le provoquaient, poursuivi le développement de toutes les forces morales, intellectuelles et économiques comme son but suprême. Le monde sait au prix de quels efforts infatigables, sous la poussée des événements et dans les situations troubles des dernières années, nous sommes restés au premier rang pour épargner aux peuples d'Europe une guerre entre de grandes puissances. Les plus graves dangers que les événements des Balkans avaient fait naître semblaient conjurés. Mais voici qu'avec l'assassinat de mon ami l'archiduc François-Ferdinand, un abîme s'ouvrit. Mon noble allié, l'empereur François-Joseph, fut forcé de prendre les armes pour défendre la sécurité de son Empire contre les menées dangereuses d'un État voisin.

Tandis que la monarchie alliée poursuivait la défense de ses légitimes intérêts, l'Empire russe est venu mettre des obstacles sur sa route. Ce qui nous appelle au côté de l'Autriche-Hongrie, ce ne sont pas seulement les obligations de l'alliance. Un autre grand devoir s'impose à nous : en même temps que la vieille communauté de culture des deux Empires, il nous faut protéger notre propre situation contre l'assaut des forces ennemies. Il m'en a coûté d'être obligé de mobiliser mon armée contre un voisin avec lequel elle a fait cause commune sur tant de champs de bataille. C'est avec une douleur sincère que j'ai vu se rompre une amitié fidèlement gardée par l'Allemagne. Le Gouvernement impérial russe, cédant aux instances d'un nationalisme insatiable, a pris parti pour un État qui, en favorisant des desseins criminels, a causé la catastrophe qu'est cette guerre.

Que la France se soit mise, elle aussi, du côté de nos adversaires, ce n'était pas pour nous étonner. Trop de fois nos efforts pour entrer en relations amicales avec la République française se sont heurtés aux anciens espoirs et à l'ancienne rancune.

Messieurs, ce que peuvent la sagesse et la force humaines pour armer un peuple en vue de la décision suprême a été fait, grâce à votre patriotique concours. L'hostilité qui depuis longtemps, à l'Est et à l'Ouest, a cherché autour d'elle un aliment, vient enfin de provoquer l'incendie. La situation actuelle n'est pas née de conflits passagers d'intérêts ni de difficultés diplomatiques : elle est le résultat d'une malveillance qui depuis de longues années se manifeste contre la puissance et la prospérité du peuple allemand. Nous ne sommes pas poussés par le désir de conquêtes; ce qui nous anime, c'est la volonté indomptable de garder pour nous, et pour toutes les générations qui suivront, la place à laquelle Dieu nous a mis.

Par les documents qui nous ont été communiqués vous verrez les efforts que mon Gouvernement et surtout mon chancelier ont faits jusqu'à la dernière minute pour éviter la décision suprême.

Pour notre légitime défense, la conscience pure et les mains pures, nous prenons l'épée. Aux peuples, aux races de l'Empire allemand va mon appel à défendre de toutes leurs forces, en union fraternelle avec nos alliés, les résultats de notre travail pacifique. Suivant l'exemple de nos frères, résolus et fidèles, graves et chevaleresques, humbles devant Dieu et pleins d'ardeur belliqueuse devant l'ennemi, nous avons confiance dans la Toute-Puissance éternelle qui voudra bien donner la force à notre défense et mener la lutte à bonne fin.

C'est sur vous, Messieurs, que le peuple allemand tout entier, rassemblé autour de ses princes et de ses chefs porte aujourd'hui ses regards. Prenez vos décisions d'un commun accord et vite. C'est mon vœu le plus ardent.

(L'empereur improvise ensuite ce qui suit) :

Vous avez lu, Messieurs, ce que j'ai dit à mon peuple sur le balcon du palais. Je répète : je ne connais plus de partis, je ne connais plus que des Allemands. *(Bravos impétueux.)*

Pour me montrer que vous êtes fermement résolus sans distinction de parti, sans distinction de classe ou de religion, à me suivre partout et toujours, même dans la détresse et jusqu'à la mort, j'invite les chefs de partis à venir me serrer la main comme preuve de leur serment.

(Deutscher Geschichtskalender.)

PROCLAMATION DU 6 AOUT 1914

Au peuple allemand,

Depuis la fondation de l'Empire, pendant quarante-trois ans, mes plus ardents efforts et ceux de mes prédécesseurs ont été de conserver la paix au monde et de travailler pacifiquement à notre puissant développement. Mais nos adversaires nous envient le succès de notre œuvre. Venant de l'Est et de l'Ouest et de l'autre côté de la mer, nous avons à supporter, avec la conscience de notre responsabilité et de notre force, une hostilité avouée et latente. Et voici maintenant qu'on veut nous humilier. On exige que nous regardions les bras croisés nos ennemis se préparer à une attaque sournoise. On n'admet pas que nous restions résolument fidèles à notre alliée, qui défend sa situation de grande puissance et dont l'humiliation serait la perte de notre puissance et de notre honneur. L'ennemi nous attaque en pleine paix. Courons aux armes! Tout délai, toute temporisation, serait une trahison à la patrie. « Être ou ne pas être », telle est la question qui se pose à l'Empire, que nos pères ont reconstitué. Il s'agit d'être ou ne pas être pour la puissance allemande et le germanisme. Nous résisterons jusqu'au dernier souffle tant que nous aurons un homme et un cheval. Nous soutiendrons la lutte même contre un monde d'ennemis. L'Allemagne n'a jamais été vaincue quand elle était unie. En avant, avec Dieu qui sera avec nous comme il fut avec nos ancêtres.

(Frankfurter Zeitung.)

ALLOCUTION
AU 1ᵉʳ RÉGIMENT DE LA GARDE A PIED
A SON DÉPART DE POTSDAM
LE 11 AOUT 1914

> « *J'ai tiré l'épée que, sans hon-*
> *neur et sans être victorieux, je ne*
> *puis remettre au fourreau…..*
> « *… Vous êtes garants que je puis*
> *dicter la paix à mes ennemis.* »

LA solennité d'aujourd'hui nous trouve pleins de confiance dans le Dieu Tout-Puissant et ayant au cœur le souvenir des jours glorieux de Leuthen, Chlum et de Saint-Privat. La gloire du passé est un appel au peuple allemand et à son épée. *Et tout le peuple allemand jusqu'au dernier* homme a pris l'épée. Et c'est ainsi que moi aussi je tire l'épée qu'avec l'aide de Dieu j'ai gardée au fourreau pendant de longues années *(A ces mots, l'Empereur tirant l'épée la brandit au-dessus de sa tête).* J'ai tiré l'épée que, sans honneur et sans être victorieux, je ne puis remettre au fourreau. Il vous appartient à tous de veiller à ce qu'elle ne rentre au fourreau qu'avec honneur. Vous êtes garants que je puis dicter la paix à mes ennemis. Debout et sus à l'adversaire et à bas les ennemis de Brandebourg ! [1]

(Deutscher Geschichtskalender.)

---

[1] Cette exclamation montre qu'aux heures tragiques d'août 1914, Guillaume II entrevoit avant tout la domination du Brandebourg, autrement dit, de la maison de Prusse sur le monde.

PROCLAMATION DU 3 DÉCEMBRE 1914
AU FRONT ORIENTAL

> *« Avec l'aide de Dieu nous obtiendrons par les armes une longue paix, car nos nerfs sont plus solides que ceux de nos ennemis. »*

Les Alliés ont gagné la première bataille de la Marne, et sont victorieux sur l'Yser.

AVEC les troupes de S. M. l'Empereur François-Joseph vous avez l'honneur de combattre pour une cause juste, pour la liberté, pour le droit à l'existence d'une nation et pour une longue paix future. Et même, si cela doit encore durer longtemps, nous ne devons pas laisser de repos à l'ennemi. Nous continuerons à lutter avec succès comme jusqu'à présent, car le ciel est avec nous. Avec l'aide de Dieu nous obtiendrons par les armes une longue paix, car nos nerfs sont plus solides que ceux de nos ennemis.

Mon impérial ami m'a déjà bien des fois signalé la bravoure des troupes qui combattent avec nos frères autrichiens, et, à ce que je vois, il a daigné vous témoigner sa gratitude en vous conférant des décorations. En retournant maintenant sur vos positions, apportez à vos camarades mes salutations les plus cordiales, et dites-leur que, bien que je sois obligé de retourner encore sur le front occidental, mes pensées sont toujours avec vous, et que mes regards sont toujours posés sur vous, comme si j'étais derrière vous. Et maintenant pour conclure, exprimons nos sentiments fraternels en criant : S. M. l'Empereur François-Joseph et son armée ; Hurrah ! Hurrah ! Hurrah !

(Deutscher Geschichtskalender.)

ALLOCUTION
AU 28ᵉ RÉGIMENT DE RÉSERVE DE COLOGNE
LE 21 JANVIER 1915

J'AI fait venir ici le régiment d'infanterie de réserve n° 28 avec l'intention de lui exprimer ma reconnaissance pour sa bravoure qui fait fi de la mort. Quand l'infanterie attaque à la baïonnette et chasse devant elle l'ennemi, c'est une action belle! Mais, pendant des mois, soutenir un dur feu d'artillerie, cela demande un courage tout spécial, une endurance particulière. Vous avez montré qu'en ceci votre bravoure, en aucune manière, n'a fléchi. Je me réjouis que les « Kölschen Jungs » aient fait honneur à leur renommée et à la renommée dont le corps d'armée du Rhin jouit de vieille date. Si le vieux « boeben » avait pu vivre cela, il aurait, par vous, éprouvé vraie joie. « J'espère que vous vous comporterez toujours comme vous l'avez fait jusqu'ici. J'ai confiance que les « Kölschen Jungs » feront ce qui dépend d'eux pour abattre complètement l'ennemi...

. . . .

Quand le bon Dieu, comme je l'espère, nous aura donné la victoire, je compte bien que vous autres gars de Cologne (*Kœlschen Jungs*) ferez votre entrée la tête haute dans votre vieille ville célèbre et que vos petites amies pourront être fières de vous.

Au revoir, camarades!

(Deutscher Geschichtskalender.)

ALLOCUTION DU 7 FÉVRIER 1915

Dans le parc du château de Niobowo en Pologne russe, après le service religieux, l'empereur prend la parole.

Soldats,

C'EST pour moi une grande joie de participer à ce simple service religieux sous le libre ciel de Dieu et devant son Autel. Je vous exprime ma plus profonde reconnaissance pour vos prouesses; partout au pays et parmi les troupes qui combattent à l'Ouest, on les regarde avec fierté et reconnaissance. Une lourde tâche nous est imposée. Il s'agit de prouver une fois encore au monde entier quels sont les droits de l'Allemagne à l'existence. Nous devons accomplir cette tâche et nous l'accomplirons. Il ne faut ni s'exagérer la force de l'ennemi, ni mésestimer notre propre force. Nous, Prussiens, nous sommes déjà accoutumés à combattre contre un ennemi supérieur et à le vaincre. Pour cela nous devons mettre notre ferme confiance en notre Grand Allié dans le ciel, qui mènera notre juste cause à la victoire. Nous savons, depuis notre enfance, et nous avons appris en étudiant l'histoire, quand nous fûmes devenus grands, que Dieu n'est jamais qu'avec les armées qui croient. C'est ainsi qu'il en était sous le Grand Électeur et sous le vieux Fritz, et du temps de mon bisaïeul et de mon grand-père, et il en est de même pendant mon règne. Comme un grand Écossais (*Allusion au réformateur John Knox*), et comme notre ami Luther le déclarait :

« Un homme avec Dieu est toujours la majorité. »

L'avantage que nous avons sur nos ennemis, c'est que ceux-ci n'ont pas de mot de ralliement. Ils ne savent pas pourquoi ils se battent ; ils ignorent pour qui ils se font tuer. Ils portent sur leurs épaules le lourd sac d'une mauvaise conscience, car ils ont attaqué un peuple amoureux de la paix, tandis que nous, nous marchons contre l'ennemi avec le paquetage de combat qu'est une conscience pure. Néanmoins, pour obtenir le succès, il est nécessaire que chaque homme fasse son devoir, et j'attends et j'exige de vous que chacun donne toute sa santé et toutes ses forces jusqu'à ce que la victoire soit nôtre. Il faut que l'ennemi soit complètement abattu et je dicterai les conditions de paix avec la pointe des baïonnettes de mes soldats.

(Deutscher Geschichtskalender.)

INTERVIEW DE L'EMPEREUR PAR
LUDWIG GANGHOFER
LE 17 FÉVRIER 1915

BEAUCOUP de ceux qui nous jugent, nous autres Allemands, d'après les apparences et nous nomment toujours barbares, ne semblent pas savoir qu'il existe une grande différence entre la civilisation et la culture. L'Angleterre est certainement la nation la plus civilisée. On peut le voir dans les salons. Mais avoir de la « culture » signifie posséder la conscience la plus profonde et la plus haute morale. Morale et conscience, voilà ce qu'ont les Allemands. Quand on dit de moi à l'étranger que j'ai l'intention de fonder un Empire mondial, c'est l'absurdité la plus grande qu'on ait jamais dite à mon sujet. Dans la conscience et l'ardeur au travail de l'Allemand réside la force conquérante qui lui ouvrira le monde.

(Deutscher Geschichtskalender.)

Nous reproduisons cette *interview* à raison des définitions que donne l'Empereur de la civilisation et de la culture.

MANIFESTE ADRESSÉ
DU GRAND ÉTAT-MAJOR AU PEUPLE
LE 31 JUILLET 1915

> *« Devant Dieu et devant l'His-*
> *toire ma conscience est pure ; je*
> *n'ai pas voulu cette guerre. »*

L'Italie a déclaré la guerre à l'Autriche le 1er mai. Sur tous les fronts les forces sont à peu près en équilibre.

Un an s'est écoulé depuis que je fus obligé d'appeler le peuple aux armes. Une époque extraordinairement sanglante est arrivée pour l'Europe et pour le monde.

Devant Dieu et devant l'Histoire ma conscience est pure ; je n'ai pas voulu cette guerre !

Après dix ans de préparatifs, les puissances de l'Entente, pour lesquelles l'Allemagne devenait trop puissante, ont cru le moment venu d'humilier l'Empire, qui loyalement soutenait son alliée l'Autriche-Hongrie dans une cause juste, ou de l'écraser dans un cercle de forces puissantes.

Ainsi que je l'ai déjà annoncé il y a un an, ce n'est pas le désir des conquêtes qui nous a poussés à la guerre, aux jours d'août, quand tous les hommes capables de combattre se sont précipités autour du drapeau et que les troupes sont parties pour le guerre défensive, tous les Allemands de l'univers ont senti d'après l'exemple unanime du Reichstag qu'il fallait combattre pour les biens les plus précieux de la nation, pour sa vie et sa liberté. Ce qui nous attendait si la puissance ennemie avait réussi à décider du sort de notre peuple et de l'Europe, on peut en

13

juger par les malheurs de ma chère province de la Prusse Orientale. La certitude que la lutte nous était imposée a réalisé ce miracle : les discussions politiques se turent, tous les adversaires commencèrent à se comprendre et à s'estimer; l'esprit de fidèle fraternité régna chez tous les compatriotes.

Pleins de reconnaissance nous pouvons dire aujourd'hui : « Dieu était avec nous. » Les armées ennemies qui se vantaient d'entrer à Berlin après quelques mois, ont été repoussées au loin, par des coups formidables, à l'Est comme l'Ouest. D'innombrables champs de bataille sur les points les plus divers de l'Europe, les combats navals sur les côtes proches ou lointaines prouvent ce que peuvent accomplir la colère (*Ingrimm*) allemande dans la légitime défense et la stratégie allemande. Aucune violation des conventions internationales par nos ennemis ne fut capable d'ébranler le fondement économique de notre conduite de la guerre. L'État et les communes, l'agriculture, l'industrie et le commerce, la science et l'art ont rivalisé pour adoucir les maux de la guerre. La population qui s'est rendu parfaitement compte de la nécessité des entraves imposées au libre échange, et entièrement dévouée à ses frères combattants, a tendu toutes ses énergies pour écarter le danger commun.

Avec une grande reconnaissance la patrie se souvient aujourd'hui, et se souviendra toujours de ses guerriers, de ceux qui, au mépris de la mort, offrent à l'ennemi un front courageux, de ceux qui reviennent blessés ou malades, de ceux surtout qui reposent, après le combat, sur le sol étranger ou au fond de la mer.

Avec les mères et les pères, les veuves et les orphelins je ressens la douleur que cause la mort des êtres chers tombés pour la patrie.

La force intérieure et la volonté unanime de la nation qui agit selon l'esprit des fondateurs de l'Empire, sont la garantie de la victoire. Les digues que ces fondateurs ont bâties parce qu'ils prévoyaient que nous aurions défendu encore une fois ce que nous avions gagné en 1870 ont défié les flots les plus impétueux qu'ait vu s'élever l'histoire du monde. Après les preuves sans précédent de valeur individuelle et d'énergie nationale, j'ai la ferme conviction que le peuple allemand, fidèle à l'œuvre de purification de la guerre, marchera d'un pas ferme et verra sa culture et ses sentiments faire de nouveaux progrès dans les voies anciennes déjà éprouvées et dans les voies nouvelles où il s'est engagé plein de confiance.

Les grandes épreuves donnent la fermeté de cœur. Souffrons et travaillons sans fléchir jusqu'à ce que la paix arrive, une paix qui nous donnera la sécurité nécessaire pour que se développent sans entraves nos forces créatrices chez nous et sur la mer libre.

C'est ainsi que nous soutiendrons avec honneur le grand combat pour le droit et la liberté de l'Allemagne, si longue que soit sa durée, et devant Dieu, qui voudra bien continuer à bénir nos armes, nous serons dignes de la victoire.

(Deutscher Geschichtskalender.)

ALLOCUTION
PRONONCÉE A NOWO-GEORGIJEWSK
A DES TROUPES SAXONNES
LE 20 AOUT 1915

« Ils étaient derrière vous les mains élevées pour supplier le Tout-Puissant, et les nuages se déchirèrent et le Dieu des armées abaissa ses regards sur vous. »

JE suis venu ici pour vous apporter en face de la citadelle fumante ma reconnaissance et la reconnaissance de toute la patrie. Vous avez sculpté vos exploits dans les annales de l'Histoire avec de puissants coups de marteau. Cela vous a été possible parce que vous aviez confiance en Dieu. Vous pensiez aux vôtres restés au foyer. Ils étaient derrière vous, les mains élevées pour supplier le Tout-Puissant, et les nuages se déchirèrent et le Dieu des armées abaissa ses regards sur vous. A l'avant le peuple qui combat, à l'arrière le peuple qui prie : c'est ainsi que cela doit être ! Vous avez pu remporter la victoire parce que vous le saviez : Nous sommes dans notre droit! Ce n'est qu'ainsi qu'on peut gagner des batailles !

(Deutscher Geschichtskalender.)

PROCLAMATION
ADRESSÉE DU GRAND QUARTIER GÉNÉRAL AUX TROUPES DE TERRE ET DE MER LE 31 DÉCEMBRE 1915

La Serbie et le Monténégro ont été envahis.

Camarades,

UNE année de durs combats vient de finir. Partout où un ennemi supérieur en nombre s'est rué contre nos lignes, il s'est brisé à votre fidélité et votre bravoure. Partout où je vous ai envoyés à la bataille, vous avez remporté une glorieuse victoire. Avant tout, souvenons-nous aujourd'hui avec reconnaissance de nos frères qui ont versé joyeusement leur sang pour la sécurité des êtres chers restés au pays, et pour la gloire impérissable de la patrie. Ce qu'ils ont commencé vous l'achèverez avec le secours de Dieu. Maintenant encore nos ennemis de l'Est et de l'Ouest, du Nord et du Sud, dans leur rage impuissante tendent les mains vers tout ce qui rend la vie digne d'être vécue. Depuis longtemps ils ont enterré l'espoir de nous vaincre en combat loyal. Aujourd'hui ils n'osent plus avoir confiance que dans le poids de leurs masses, dans l'anéantissement de tout notre peuple par la famine, dans les effets d'une campagne de calomnies aussi criminelle que perfide qu'ils mènent dans le monde entier. Leurs projets n'aboutiront pas. Ils s'abîmeront misérablement devant l'esprit et la volonté qui unissent inébranlablement l'armée et le pays, devant l'esprit du devoir envers la patrie à remplir jusqu'au dernier souffle, devant la volonté de vaincre.

C'est ainsi que nous entrons dans cette année nouvelle. En avant avec Dieu pour la protection de la patrie, pour la grandeur de l'Allemagne!

(Deutscher Geschichtskalender.)

17

RESCRIT DU 12 JANVIER 1916

A l'occasion de son anniversaire l'empereur dicte le rescrit suivant :

L E cœur, l'esprit et les forces du peuple allemand doivent encore, en campagne et dans le pays, être tendus vers cet unique et grand but : obtenir la victoire définitive et une paix qui puisse, selon toutes prévisions humaines, prémunir la patrie d'une façon durable contre le renouvellement d'attaques ennemies. En conséquence je prie que, cette année encore, l'on s'abstienne, à l'occasion de mon anniversaire, des manifestations qu'on a l'habitude de faire en mon honneur et des congratulations d'usage et que l'on se contente de penser en silence et de prier fidèlement. Que ceux qui sentent le besoin en ce jour de donner une marque spéciale de leurs sentiments d'affection, le fassent au moyen de dons charitables destinés à soulager les blessures qu'a causées la guerre, ou en participant de façon plus active aux œuvres d'assistance de guerre.

(Deutscher Geschichtskalender.)

ORDRE DU JOUR A L'ARMÉE
ET A LA MARINE
A L'OCCASION DU DEUXIÈME ANNIVERSAIRE
DE LA GUERRE, LE 31 JUILLET 1916

> *« Soit que l'adversaire se soit effacé devant la puissance de votre attaque, soit que, rendu plus puissant par des secours étrangers ramassés par contrainte dans tous les coins du monde, il ait tenté de vous arracher le prix de vos victoires, vous vous êtes sans cesse montrés supérieurs à lui. »*

L'Allemagne a été battue à Verdun. Sur la Somme, l'armée franco-britannique gagne chaque jour du terrain.

Camarades,

La deuxième année de la guerre mondiale est écoulée. Comme la première, elle a été pour l'Allemagne une année de gloire. Sur tous les fronts vous avez porté de rudes coups à l'ennemi.

Soit que l'adversaire se soit effacé devant la puissance de votre attaque, soit que, rendu plus puissant par des secours étrangers ramassés par contrainte dans tous les coins du monde, il ait tenté de vous arracher le prix de vos victoires, vous vous êtes sans cesse montrés supérieurs à lui.

Là aussi où la domination imposée par l'Angleterre était incontestée, sur les libres flots de la mer, vous avez combattu victorieusement contre une force écrasante et supérieure.

L'estime de votre Empereur et la fière admiration de la patrie reconnaissante vous sont acquises pour ces actes de fidélité inébranlable, de hardiesse et de bravoure indomptable.

De même que le souvenir des héros tombés, votre gloire resplendira jusque dans les temps les plus reculés.

Les lauriers conquis devant l'ennemi par la force armée toujours aussi résolue, malgré la fatigue et le danger, parce que la plus fière destinée du soldat était son partage, resteront indissolublement liés au travail dévoué et infatigable de l'armée restée au foyer. Sans cesse celle-ci a amené des forces nouvelles aux troupes combattantes, sans cesse elle a aiguisé l'épée qui est la confiance de l'Allemagne et la terreur de l'ennemi. A elle aussi va ma reconnaissance et celle de la patrie.

Cependant la puissance et la volonté de l'ennemi ne sont pas encore brisées. Nous devons continuer l'âpre lutte pour la sécurité de ceux qui nous sont chers, pour l'honneur de la patrie et la grandeur de l'empire. Dans cette lutte décisive, que l'ennemi la poursuive par la force des armes ou par une perfidie froidement calculée, nous resterons dans cette troisième année de guerre ce que nous avons été.

Aujourd'hui comme au premier jour de la guerre, l'armée et le pays sont pénétrés du même esprit de sacrifice envers la patrie et de la même volonté inébranlable de vaincre. Je suis certain qu'avec l'aide de Dieu vos actions futures seront dignes de vos actions passées et de vos actions présentes.

(Deutscher Geschichtskalender.)

PROCLAMATION
ADRESSÉE A L'ARMÉE ET A LA FLOTTE LE 31 DÉCEMBRE 1916

A mon Armée, à ma Flotte,

UNE année de guerre s'est de nouveau écoulée. Elle fut dure en combats et en sacrifices, riche en succès et en victoires.

Les espoirs que nos ennemis avaient mis en l'année 1916 ont été anéantis. Tous leurs assauts à l'Ouest comme à l'Est se sont brisés contre votre bravoure et votre esprit de sacrifice.

Votre dernière marche victorieuse contre la Roumanie a, par la grâce de Dieu, orné vos drapeaux de nouveaux et impérissables lauriers.

La plus grande bataille navale de cette guerre, la victoire du Skager-Rak, les hardies entreprises de nos sous-marins garantissent à notre flotte une gloire et une admiration éternelles.

Vous êtes vainqueurs sur tous les théâtres de la guerre, sur terre comme sur mer.

C'est animée d'une confiance fière et inébranlable que la patrie reconnaissante a les yeux tournés vers vous. L'incomparable esprit guerrier qui vit dans vos rangs, votre énergique et inlassable volonté de vaincre, votre amour pour la patrie sont pour moi autant de garanties que la victoire restera encore à nos drapeaux pendant l'année qui commence. « Dieu continuera à être avec nous. »

(Deutscher Geschichtskalender.)

ALLOCUTION DU 5 JANVIER 1917

> *« La guerre poursuit donc son cours.*
>
> *« Devant Dieu et l'humanité c'est aux gouvernements ennemis uniquement qu'incombe la lourde responsabilité des nouveaux sacrifices que ma volonté voulait éviter. »*

Les relations germano-américaines sont tendues ; elles seront rompues le 3 février.

À mon Armée, à ma Flotte,

DE concert avec mes alliés, j'ai proposé à nos ennemis d'entrer en négociations pour la paix. Les ennemis ont refusé ma proposition. Leur soif de domination veut la destruction de l'Allemagne.

La guerre poursuit donc son cours.

Devant Dieu et l'humanité, c'est aux gouvernements ennemis uniquement qu'incombe la lourde responsabilité des nouveaux sacrifices que ma volonté voulait vous éviter.

Justement indigné des prétentions criminelles de l'ennemi, animés de la volonté de défendre nos biens les plus sacrés et d'assurer un avenir heureux à votre pays, vous deviendrez d'airain.

Nos ennemis n'ont pas voulu accepter l'accord que je leur offrais ; avec l'aide de Dieu nous les y forcerons par les armes.

(Norddeutsche Allgemeine Zeitung.)

PROCLAMATION DU 12 JANVIER 1917
DU GRAND QUARTIER GÉNÉRAL

Proclamation dictée après la réponse faite par les Alliés au Président Wilson qui leur avait demandé de déclarer leurs buts de guerre.

Au peuple allemand,

Nos ennemis ont laissé tomber le masque.

D'abord ils ont repoussé avec des railleries (Hohn) et des paroles hypocrites d'amour de la liberté et d'humanité votre honnête proposition de paix. Dans leur réponse aux États-Unis, ils sont allés plus loin et ont avoué une rage de conquêtes (Eroberungsucht) dont l'ignominie est encore accrue par la calomnie qu'elle prend pour fondement.

Leur but est d'abattre l'Allemagne, de morceler les puissances qui nous sont alliées et d'asservir la liberté de l'Europe et des mers sous le joug que la Grèce subit actuellement en grinçant des dents.

Mais ce qu'ils n'ont pas pu atteindre en trente mois, au cours des combats les plus sanglants et de la guerre économique la plus malhonnête, ils ne l'obtiendront jamais non plus dans l'avenir. Nos glorieuses victoires et la volonté d'airain avec laquelle notre peuple combattant a supporté devant l'ennemi et au foyer toutes les misères de la guerre, sont garantes que notre bien-aimée patrie n'a rien à craindre non plus dans l'avenir. Une indignation qui jaillira en flammes claires et une sainte colère redoubleront la force de tous les Allemands, hommes et femmes, qu'elle soit consacrée à combattre, à travailler ou à supporter les peines avec esprit de sacrifice.

Le Dieu, qui a enraciné dans le cœur de notre vaillant peuple ce merveilleux amour de la liberté, nous donnera aussi, ainsi qu'à tous nos fidèles alliés qui ont fait leurs preuves dans la tourmente, la victoire complète sur toute l'avidité de puissance et la rage de destruction ennemies (alle feindliche Machtgier und Vernichtungswut).

(Deutscher Geschichtskalender.)

ORDRE DU JOUR A LA MARINE
LE 1er FÉVRIER 1917

A mon Armée de mer,

DANS le combat décisif que nous avons à soutenir, incombe à mon Armée de mer le devoir de retourner contre l'Angleterre et ses alliés la façon de faire la guerre par laquelle notre ennemie la plus haineuse et la plus opiniâtre veut vaincre le peuple allemand grâce à la famine, et d'entraver par tous les moyens en notre pouvoir ses relations maritimes. Dans cette lutte les sous-marins seront au premier rang. J'ai l'espoir que cette arme développée avec une sage prévoyance, supérieure au point de vue technique, fabriquée dans des chantiers où on était capable et heureux de la réaliser, en coopération avec tous les autres moyens de combat de la marine et animée de l'esprit qui l'a rendue capable de brillants exploits pendant tout le cours de la guerre, brisera la volonté belliqueuse de nos adversaires.

(Deutscher Geschichtskalender.)

ALLOCUTION
PRONONCÉE LE 22 MAI 1917 A L'OCCASION D'UNE REVUE DES TROUPES QUI COMBATTENT DEVANT ARRAS

> « *En ce qui concerne nos adversaires français, il est facile de penser que l'espoir de délivrer la patrie de l'ennemi qui a pénétré victorieusement chez elle pour sa légitime défense les a poussés aux plus lourds sacrifices.* »

VOICI que l'adversaire a essayé d'exécuter avec des moyens énormes son plan préparé pendant tout l'hiver en se basant sur les expériences de la bataille de la Somme : briser définitivement sur toute la ligne au cours de ce printemps la résistance allemande. Il a ouvert le combat par une dépense de munitions telle que l'histoire de la guerre n'en avait pas encore noté. En ce qui concerne nos adversaires français, il est facile de penser que l'espoir de délivrer la patrie de l'ennemi qui a pénétré victorieusement chez elle pour sa légitime défense (*in gerechter Notwehr*) les a poussés aux plus lourds sacrifices. C'est là un motif que tout loyal adversaire saura reconnaître. L'Anglais, par contre, n'a pas un tel mobile, il ne lutte, opiniâtre et entêté comme il l'est, que pour augmenter sa puissance à nos dépens. Nous restons résolus dans la fidélité, le travail et l'accomplissement du devoir. De quel côté est le droit, il n'y a pas de doute à ce sujet. Et c'est pourquoi cette lutte est devenue une lutte sainte.

. . . .

(Deutscher Geschichtskalender.)

ALLOCUTION PRONONCÉE LE 23 MAI 1917
A UNE REVUE DU 52ᵉ D'INFANTERIE

RÉGIMENT COMPOSÉ EN PARTIE
DE BERLINOIS ET DE BRANDEBOURGEOIS [1]

> *« L'adversaire cherche une décision... Il l'aura sa décision. Il enverra des hommes au combat et sera obligé d'en envoyer jusqu'à ce qu'il ne puisse plus les remplacer.....*
>
> *« ..... La paix sera dictée par vous. »*

L'ADVERSAIRE cherche une décision, chacun le sait, chacun s'en rend compte; nous l'attendons, cette décision, avec l'aide de Dieu qui nous a jusqu'ici si miséricordieusement protégés. Il l'aura sa décision. Il enverra des hommes au combat et sera obligé d'en envoyer jusqu'à ce qu'il ne puisse plus les remplacer, jusqu'à ce qu'il laisse tomber les armes, épuisé. C'est à vous d'amener ce résultat. Quand? Celui qui est Là-haut seul le sait. Quand le moment viendra vous aurez conquis au peuple allemand la situation qui lui revient. La paix sera dictée par vous *(diktiert und vorgeschrieben).*

(Deutscher Geschichtskalender.)

---

(1) Le même jour, l'empereur prononce une autre allocution, dont nous n'avons pas cru devoir donner le texte, qui est la répétition de celui-ci.

ALLOCUTION PRONONCÉE EN CAMPAGNE
LE 1er AOUT 1917

En juin 1917, Constantin Ier, roi de Grèce, a abdiqué. La Grèce rompt avec l'Allemagne et ses alliées, le 29 juin.

> *« Si nos ennemis veulent pro-*
> *longer les maux de la guerre,*
> *ceux-ci pèseront plus lourdement*
> *sur eux que sur nous. »*

Trois années de durs combats sont terminées. Nous pensons avec douleur à nos morts, avec fierté à nos combattants, avec joie à tous ceux qui travaillent, avec tristesse à tous ceux qui languissent en captivité. Mais notre ferme volonté de mener à bonne fin ce combat pour notre légitime défense domine toutes les autres pensées. Nos ennemis tendent une main avide vers des territoires allemands. Ils ne les obtiendront jamais. Ils poussent sans cesse de nouveaux peuples à la guerre contre nous. Cela ne nous effraye pas. Nous connaissons notre force et nous sommes résolus à en faire usage. Ils veulent nous voir faibles et impuissants à leurs pieds, mais ils ne nous abattront pas. Ils ont répondu par des railleries (*Hohn*) à nos paroles de paix. Et ils ont vu une fois de plus comment l'Allemagne sait combattre et vaincre. Ils calomnient dans le monde entier le nom allemand, mais ils ne peuvent pas anéantir la gloire des exploits allemands.

Nous demeurerons donc fermes, victorieux et sans peur à la fin de cette année. Il se peut que de lourdes épreuves nous soient encore réservées ; nous allons au-devant d'elles, graves et confiants. Au cours de ces trois années où le peuple allemand a accompli de si grandes choses, il a affermi son courage contre tout ce que la puissance ennemie peut inventer. Si nos ennemis veulent prolonger les maux de la guerre, ceux-ci pèseront plus lourdement sur eux que sur nous.

Le pays prouve, par un labeur infatigable, sa reconnaissance pour ce qu'on accomplit au front. Il faut encore continuer à se battre et forger des armes. Mais que notre peuple le sache bien : le sang allemand, le travail allemand ne sont pas mis en jeu pour l'ombre d'une vaine ambition, ni pour des projets de conquête et d'asservissement, mais pour la force et la liberté de l'Empire dans lequel nos enfants devront vivre en sécurité. Que toutes nos actions, toutes nos pensées, soient consacrées à cette lutte! Que ce soit en ce jour notre promesse solennelle!

(Norddeutsche Allgemeine Zeitung.)

HARANGUE
A LA DEUXIÈME ARMÉE SUR LE FRONT
DES FLANDRES
LE 22 DÉCEMBRE 1917

> *« Le peuple allemand a dans le Dieu des Armées, Là-haut, un allié en qui il peut avoir toute confiance. Il peut entièrement compter sur lui...*
>
> *« Si l'ennemi ne veut pas la paix, il faudra que nous donnions la paix au monde en forçant, avec notre poing de fer et notre épée flamboyante, les portes de ceux qui ne veulent pas la paix. »*

Camarades,

L'ANNÉE 1917 touche à sa fin et c'est pour moi un besoin de venir visiter de nouveau le front occidental et ses héroïques guerriers.

Ce fut une année fertile en événements pour l'armée allemande et la patrie allemande. De rudes coups ont été portés et vos camarades du front oriental ont amené de graves décisions; mais il n'y a pas un homme, pas un officier, pas un général sur tout le front oriental qui ne m'ait dit en toute sincérité : si nos camarades de l'Ouest n'avaient pas tenu, nous n'aurions pas pu faire cela ici.

La relation tactique et stratégique entre les batailles de

l'Aisne, de Champagne, d'Artois, des Flandres, de Cambrai et les événements du front est et d'Italie est si manifeste qu'il est inutile de s'étendre sur ce sujet. Sous un commandement unique l'armée allemande vainc aussi avec unité.

Afin qu'il soit possible de lancer ces offensives, une partie de l'armée a dû demeurer sur la défensive, si dur que cela soit pour un soldat allemand, mais une bataille défensive telle que celle de 1917 est sans exemple. Une partie de l'armée allemande a accepté la lourde tâche de couvrir absolument ses camarades de l'Est pour leur laisser la liberté d'action et de faire face à l'armée anglo-française entière.

L'ennemi avait préparé de longue main des moyens techniques inouïs et concentré des masses de munitions et de canons sur le front afin de faire, en perçant votre front, l'entrée à Bruxelles qu'il avait si fièrement annoncée. L'ennemi n'a rien obtenu.

Le fait d'armes le plus gigantesque qu'une armée ait jamais accompli et ce que l'Histoire ne connaissait pas encore, l'armée allemande l'a fait. Ceci n'est pas une louange flatteuse, c'est un fait, rien de plus.

. . . .

L'année 1917 avec ses grandes batailles a prouvé que le peuple allemand a dans le Dieu des Armées, Là-haut, un allié en qui il peut avoir toute confiance. Il peut entièrement compter sur lui *(auf den kann es sich bombenfest verlassen)*. Sans lui tout eût été vain.

Chacun de vous a dû donner ses forces jusqu'au bout. Je sais que tous vous avez accompli des choses surhumaines sous un feu roulant inouï. Cette pensée a pu souvent vous venir à l'esprit : « Si cela pouvait donc aboutir à quelque chose, si cela amenait un résultat ! » Et cela est arrivé. Les coups frappés à l'Est ont eu comme résultat de ramener immédiatement le calme là où régnait le tumulte des batailles, peut-être, si Dieu le veut, pour toujours.

Je parlais hier à vos camarades de Verdun, il y eut

comme un souffle d'air matinal qui traversa les esprits. Vous n'avez plus l'impression d'être seuls.

Les grands succès de ces derniers temps, les victoires des jours de grands combats dans les Flandres et à Cambrai où le premier choc écrasant de l'offensive atteignit l'Anglais arrogant et lui montra que le même esprit d'offensive anime toujours nos troupes malgré les trois années de souffrance de la guerre, ont eu leur répercussion sur le pays tout entier et presque chez l'ennemi. Nous ignorons ce que l'avenir nous réserve, mais vous avez tous vu, pendant ces quatre dernières années, comment la main de Dieu s'est fait sentir, a puni la trahison et récompensé l'endurance héroïque; nous pouvons puiser là la ferme confiance, que dans l'avenir également, le Dieu des Armées sera avec nous. Si l'ennemi ne veut pas la paix, il faudra que nous donnions la paix au monde en forçant avec notre poing de fer et notre épée flamboyante *(mit eiserner Faust und mit blitzendem Schwert)* les portes de ceux qui ne veulent pas la paix.

(Norddeutsche Allgemeine Zeitung.)

RÉPONSE AUX HABITANTS DE HAMBOURG
QUI APPORTENT
LEURS HOMMAGES A L'EMPEREUR
A L'OCCASION DE LA PAIX DE L'UKRAINE
LE 10 FÉVRIER 1918

> *« Nous autres Allemands, nous devons nous employer à hâter la venue des temps meilleurs....*
>
> *« Nous devons donner la paix au monde....*
>
> *« Alors la paix viendra, une paix telle qu'elle est nécessaire pour assurer un puissant avenir à l'empire allemand et qui fera sentir son influence sur le cours de l'histoire du monde. »*

Nous avons traversé des temps difficiles où chacun a eu son fardeau à porter : soucis et deuils, tristesses et angoisses. Celui qui est maintenant devant vous n'est pas celui qui en eut le moins. En lui se concentrèrent les soucis et la douleur au sujet de tout un peuple et de ses misères. Dans cette même cour, en 1870-71, alors que j'étais encore un petit garçon, j'ai vu les Hambourgeois, le vieux Jacobi à leur tête, apportant à ma mère leurs hommages après les grandes nouvelles de la victoire. C'est une image qui s'est gravée dans mon âme pour l'éternité. Je ne supposais pas alors qu'il m'était réservé de combattre pour garder ce que mon grand-père et mon père avaient obtenu et conquis.

Le Seigneur notre Dieu a certainement encore des projets concernant le peuple allemand *(es hat unser Herrgott
entschieden mit unserem deutschen Volk noch etwas
vor)* ; c'est pourquoi il l'a mis à l'épreuve et tous ceux
qui parmi vous ont une façon de voir grave et perspicace
me concéderont que c'était nécessaire. Nous, nous sommes
souvent engagés dans de fausses voies. Par cette dure
épreuve le Seigneur nous a montré où nous devons aller.
Mais en même temps le monde n'était pas non plus dans
la bonne voie et celui qui a lu l'histoire peut observer comment le Seigneur notre Dieu a essayé, se servant d'un
peuple après l'autre, de mettre le monde sur le droit
chemin. Les peuples n'y ont pas réussi. L'empire romain a
disparu, l'empire des Francs est tombé en décadence de
même que l'ancien empire germanique, mais il nous a
laissé des tâches à accomplir. Nous autres Allemands, qui
avons encore des idéals, nous devons nous employer à
hâter la venue de temps meilleurs, nous devons lutter pour
le droit, la fidélité, la morale. Le Seigneur notre Dieu veut
la paix, mais une paix dans laquelle le monde s'efforcera
de faire ce qui est juste et ce qui est bien. Nous devons
donner la paix au monde, nous la donnerons de
toute façon. Hier une telle paix a été conclue dans un
esprit amical. A l'ennemi qui, battu par nos armées, recon-
naît qu'il ne sert plus à rien de combattre et nous tend la
main, nous tendons aussi la nôtre. Nous lui serrons la
main. Mais celui qui ne veut pas accepter la paix, qui, au
contraire, versant son propre sang et celui de notre peuple
ne veut pas de la paix, doit y être contraint. C'est maintenant notre tâche, tous doivent y travailler, hommes et
femmes. Nous voulons vivre en relations amicales avec les
peuples voisins, mais il faut qu'auparavant soit reconnue
la victoire des armées allemandes. Nos troupes continue-
ront à la conquérir sous la conduite de notre grand Hin-
denbourg. Alors la paix viendra, une paix telle qu'elle est
nécessaire pour assurer un puissant avenir à l'Empire
allemand et qui fera sentir son influence sur le cours de

l'histoire du monde. Pour atteindre ce but, il faut que nous ayons l'aide de la Toute-Puissance du ciel, il faut que chacun d'entre vous, de l'écolier au vieillard, ne vive que pour cette seule pensée : la victoire et une paix allemande. Vive la patrie allemande !

(Norddeutsche Allgemeine Zeitung.)

DISCOURS DU 15 JUIN 1918

> *« Le peuple allemand ne vit pas clairement, quand la guerre éclata, quelle signification elle aurait. Je le savais très exactement.*

> . . . .

> *« Je savais très exactement de quoi il s'agissait, car la participation de l'Angleterre signifiait la guerre mondiale, voulue ou non.*

> . . . .

> *« La victoire de la conception allemande du monde, voilà ce qui est en jeu. »*

Le trentième anniversaire de l'avènement de l'empereur Guillaume II est célébré au Grand-Quartier Général allemand. Au toast porté par le feld-maréchal Hindenburg, Guillaume II répond :

D'UN cœur ému, je prie votre Excellence de recevoir mes remerciements pour ses souhaits de bonheur. Vous avez évoqué les années de paix qui précédèrent ces événements de guerre : vingt-six années de travail pénible mais profitable ! Bien qu'elles n'aient pu toujours être couronnées de succès au point de vue politique et qu'elles aient apporté des désillusions, je trouvais mon délassement dans la sollicitude pour mon Armée, dans le soin de son développement et dans les efforts pour la maintenir au niveau où elle était quand mon grand-père me la transmit.

La guerre, maintenant en cours, m'amène à passer ces jours en pays ennemi. Je ne puis nulle part célébrer mieux cette fête que sous le toit de votre Excellence, de votre fidèle et distingué collaborateur et de l'État-major général allemand. Lorsque pendant la paix, lors de la préparation de mon armée pour la guerre, les vieux compagnons de lutte de mon grand-père disparurent peu à peu et lorsque progressivement l'horizon s'assombrit autour de l'Allemagne, plus d'un Allemand, et moi tout le premier, nous avons espéré que dans ce danger Dieu mettrait à notre côté les hommes qu'il faudrait. Cette espérance n'a pas été déçue : en la personne de votre Excellence et en celle votre collaborateur le Ciel a donné à l'Empire allemand, à l'armée allemande et à notre État-Major, les hommes capables, en cette grande époque, de conduire le peuple allemand en armes dans sa lutte décisive pour l'existence et le droit de vivre, et, avec son aide, de forcer la victoire.

Le peuple allemand ne vit pas clairement, quand la guerre éclata, quelle signification elle aurait. Je le savais très exactement. Aussi la première explosion d'enthousiasme ne put pas me tromper ni apporter de changement à mes buts et à mes espérances *(in meinen Zielen und Erwartungen)*. Je savais très exactement de quoi il s'agissait, car la participation de l'Angleterre signifiait la guerre mondiale, voulue ou non. Il ne s'agissait pas d'une campagne stratégique, il s'agissait d'une lutte entre deux conceptions du monde. Ou bien la conception prussienne-allemande, germanique du monde : droit, liberté, honneur et morale doit rester en honneur, ou bien la conception anglo-saxonne qui signifie : se livrer à l'idolâtrie de l'argent. Les peuples de la terre travaillent comme esclaves pour la race des maîtres anglo-saxonne qui les tient sous le joug. Les deux conceptions luttent l'une contre l'autre. Il faut absolument que l'une d'elles soit vaincue ; et cela ne se fait pas en quelques jours, en quelques semaines, ni même en une année. Cela m'apparut très clairement, et je remercie le Ciel d'avoir mis votre Excellence et vous, mon cher général *(il s'adresse à Ludendorff)*, comme conseiller à mes côtés. Que le peuple et l'armée allemande — l'armée et le peuple sont maintenant une seule et même chose — lèvent les yeux vers vous avec reconnaissance, je n'ai pas besoin de le dire. Au dehors chacun sait pourquoi il combat ; l'ennemi lui-même l'avoue et c'est pourquoi nous aurons la victoire.

La victoire de la conception allemande du monde : voilà ce qui est en jeu.

Je lève mon verre à la prospérité des grands chefs de mon armée, de l'État-Major général, de toute l'armée allemande. Hurrah !

(Norddeutsche Allgemeine Zeitung.)

PROCLAMATION AU PEUPLE ALLEMAND
ADRESSÉE DU FRONT
LE 31 JUILLET 1918

En campagne,
Au peuple allemand,

QUATRE années de pénibles luttes se sont écoulées remplies d'exploits éternellement mémorables. Un exemple est donné pour tous les temps de ce que peut un peuple qui lutte pour la plus forte des causes, pour le maintien de son existence.

Adorant avec reconnaissance le Dieu qui nous tenait miséricordieusement en sa main, nous pouvons reconnaître avec fierté que nous n'étions pas indignes de l'énorme tâche que la Providence nous avait donnée. Si, dans sa lutte, des chefs capables des plus hauts exploits ont été donnés au peuple allemand, chaque jour il a fidèlement prouvé qu'il méritait d'avoir de tels chefs. Comment la puissance militaire aurait-elle pu accomplir au dehors ses prodigieux faits d'armes si, dans le pays, le travail commun n'avait eu pour but le maximum de rendement personnel. Des remerciements sont dus à tous ceux qui, dans les circonstances les plus difficiles, ont coopéré à la tâche de l'État et des communes, en particulier à nos fidèles et infatigables fonctionnaires. Merci à l'habitant des campagnes comme au citadin, merci aux femmes sur lesquelles un si lourd fardeau pèse pendant ce temps de guerre.

La cinquième année de guerre qui naît aujourd'hui n'épargnera pas au peuple allemand de nouvelles privations et de nouvelles épreuves ; mais, quoi qu'il advienne, nous savons que le plus dur est fait. Les résultats obtenus à l'Est par nos armes et assurés par les conclusions de paix, et ce qui s'accomplit à l'Ouest, nous donnent la ferme assurance que l'Allemagne sortira puissante et forte de cette tempête qui a jeté à terre tant de puissantes races.

En ce jour du souvenir, nous pensons avec douleur aux lourds sacrifices qui ont dû être infligés à la patrie. De grands vides se sont produits dans nos familles. Les malheurs de cette terrible guerre n'ont épargné aucune maison allemande. Ceux qui, encore enfants, ont, dans leur jeune enthousiasme, vu partir les premières troupes sont eux-mêmes, aujourd'hui, auprès de leurs pères et de leurs frères au front, comme combattants.

Un devoir sacré ordonne de tout faire afin que ce sang précieux ne coule pas en vain. Nous n'avons rien négligé pour ramener la paix dans le monde ravagé, mais dans le camp adverse la voix de l'humanité n'est pas encore entendue. Chaque fois que nous avons prononcé des paroles de conciliation, c'est le dédain et la haine qui ont répondu. Nos adversaires ne veulent pas encore de la paix ; sans pudeur, ils souillent le pur nom allemand par des calomnies toujours nouvelles ; leurs porte-parole proclament toujours à nouveau que l'Allemagne doit être anéantie. C'est pourquoi il faut continuer à combattre et à agir jusqu'à ce que nos ennemis soient prêts à reconnaître notre droit à l'existence tel que nous l'avons obtenu victorieusement par les armes contre leurs puissants assauts. Dieu est avec nous !

(Norddeutsche Allgemeine Zeitung.)

PROCLAMATION
A L'ARMÉE ET A LA FLOTTE
LE 31 JUILLET 1918

> *« Les armées américaines ne
> nous effrayent pas ni la supé-
> riorité numérique. C'est l'esprit
> qui apporte la décision. »*

A mon Armée,
A ma Flotte,

Vous avez derrière vous quatre années d'une dure guerre. Le peuple allemand, avec ses fidèles alliés, pénétré de la justesse de sa cause, appuyé sur son épée tranchante, confiant dans l'aide de Dieu, a résisté victorieusement à un monde d'ennemis. Votre impétueux esprit d'offensive porta le premier la guerre sur le sol ennemi et épargna à votre patrie les horreurs et les ravages de la guerre. Vous avez par vos coups anéanti à l'Est la force de l'ennemi. Pendant ce temps vos camarades à l'Ouest s'opposaient courageusement et victorieusement à des forces bien supérieures. Comme fruit de ces victoires, la quatrième année de guerre nous a apporté la paix à l'Est. A l'Ouest l'ennemi s'est trouvé fort atteint par la violence de vos assauts. Les batailles gagnées au cours des derniers mois comptent parmi les plus hautes actions d'éclat de l'histoire allemande.

Vous êtes maintenant au milieu de la lutte la plus dure. Le déploiement d'efforts désespérés de l'ennemi sera comme jusqu'à présent anéanti par votre vaillance. De cela je suis certain, et avec moi la patrie entière. Les armées américaines ne nous effrayent pas, ni la supériorité numérique ; c'est l'esprit qui apporte la décision. C'est ce qu'enseigne l'histoire de Prusse et d'Allemagne, c'est ce qu'enseigne le cours de la campagne jusqu'à ce jour. En fidèle camaraderie avec mon Armée, ma Marine combat avec la volonté inébranlable de vaincre, contre un adversaire plusieurs fois supérieur en nombre, défiant les efforts réunis des plus grandes puissances maritimes du monde. Avec acharnement et certains du succès, mes sous-marins mènent le combat contre la force combative et la force vitale qui afflue à l'ennemi par la mer. Toujours prêtes à la lutte les forces combattantes de la haute mer frayent la voie aux sous-marins et leur assurent, en union avec les défenseurs de la côte, les sources de leur force.

Loin de la patrie, un héroïque petit contingent de troupes de couverture résiste vaillamment à une force d'une supériorité écrasante.

Nous pensons avec vénération à tous ceux qui ont donné leur vie pour la patrie. Pénétré de sollicitude pour nos frères en campagne, la population du pays met toute sa force au service de notre grande cause avec un dévouement plein de désintéressement.

Il nous faut continuer à combattre et nous combattrons jusqu'à ce que soit brisée la volonté qu'a l'ennemi de nous anéantir. Nous consentirons tous les sacrifices, nous accomplirons tous les efforts nécessaires. L'armée et le pays sont inséparablement unis dans cet esprit. Leur union et leur inflexible volonté apporteront la victoire dans la lutte pour les droits et la liberté de l'Allemagne. Dieu le veuille !

(Norddeutsche Allgemeine Zeitung.)

DISCOURS PRONONCÉ A ESSEN
LE 11 SEPTEMBRE 1918

> « *En ce monde le bien lutte contre le mal, c'est ainsi que le Ciel en a décidé : le oui et le non. Le non de celui qui doute contre le oui de celui qui trouve, dirai-je volontiers ; le non du pessimiste, contre le oui de l'optimiste, le non de l'incrédule contre le oui du Héros de la foi, le oui du Ciel contre le non de l'Enfer.* »

L'armée allemande est battue sur l'ensemble du front.

Mes chers amis des usines Krupp,

DEPUIS longtemps déjà au cours de cette guerre j'ai eu le désir de venir vers vous. Mais, comme vous le savez, des devoirs militaires et politiques m'ont appelé maintes fois sur les champs de bataille les plus différents, dans les régions les plus diverses de l'Europe où fait rage la guerre mondiale. C'est pourquoi j'ai dû remettre sans cesse mon projet de venir vous voir. Enfin j'ai eu la joie de réussir à venir dans les usines dont j'ai pu suivre le développement depuis ma plus tendre enfance et dont la visite m'a toujours rempli de la plus grande admiration pour la science, le génie d'invention et l'énergie de l'Allemagne.

Ce que je veux aujourd'hui, c'est exprimer aux directeurs, aux chefs d'atelier, aux ouvriers et ouvrières de la maison Krupp, ma reconnaissance impériale pour la façon vraiment splendide dont les usines Krupp se sont mises au service de l'armée allemande et de son chef suprême, et ont fourni, dans une mesure bien supérieure à tout ce que l'on pouvait prévoir et espérer, le matériel que l'armée réclamait d'elles au fur et à mesure qu'augmentaient les exigences, au cours de la plus formidable des guerres. Des directeurs jusqu'au dernier ouvrier et à la dernière ouvrière, tous ont accompli des choses formidables et cela au milieu des difficultés croissantes pour se nourrir et se vêtir, malgré les pertes, les deuils et les soucis de toute sorte, dont aucune maison n'a été préservée, ni la demeure des princes, ni la modeste maison de l'ouvrier. Et qu'on ajoute encore à cela les efforts toujours croissants réclamés de la femme allemande, qui non seulement devait supporter sans son mari la charge de ses enfants et de sa maison, mais devait, en outre, avec cet accroissement de peine, déployer toutes ses forces à la fabrique, afin que les armes et les moyens de défense ne fissent point défaut aux hommes. Ce fut une mobilisation qu'on n'avait pas soupçonnée, cette deuxième mobilisation industrielle, sans distinction d'âge et de sexe, un appel comme on n'en avait pas encore adressé au peuple allemand. Et malgré cela on y a répondu de bon gré, joyeusement. Je voudrais donc avant tout, comme père du pays, exprimer mes chaleureux remerciements aux femmes, aux jeunes filles et aux hommes qui ont fait leur devoir avec un pareil esprit de sacrifice malgré les soucis accablants de la détresse et du malheur, qui nous ont tous atteints.

Personne, dans notre peuple, ne doit croire que je ne sais pas exactement ce qu'il en est. Dans mes voyages à travers le pays j'ai causé avec plus d'une veuve, plus d'un paysan, et dans les régions éloignées de l'Est et de l'Ouest, avec plus d'un réserviste et d'un territorial, ils avaient le cœur gros de soucis qui disparaissaient cependant sous le rayonnement de cette pensée : « Le devoir d'abord, le reste ensuite. » J'ai ressenti vos soucis au plus profond de mon cœur. Tout ce qui pouvait être fait par mon initiative de père du pays pour alléger autant que possible le fardeau et répartir entre tous les soucis de notre peuple, a été accompli; beaucoup de choses auraient pu être faites différemment et il n'est pas étonnant qu'il y ait çà et là du mécontentement à ce sujet.

Mais en définitive, à qui devons-nous cela? Qui, dès le début de la guerre, a déclaré qu'il fallait réduire par la famine les femmes et les enfants allemands? Qui est-ce qui a apporté dans cette guerre une haine effroyable? Ce sont les ennemis. Nous voulons, n'est-ce pas, savoir nettement ce qu'il en est sur ce point. Chacun de vous, jusque dans le coin le plus reculé du pays, sait que je n'ai négligé. aucune démarche afin d'abréger autant que possible la durée de la guerre pour notre peuple et tout le monde civilisé d'Europe.

En décembre 1916, j'ai remis à nos adversaires une offre de paix catégorique, claire et sans équivoque, au nom de l'Empire d'Allemagne et de mes alliés. On a répondu par la raillerie, le sarcasme et le dédain. Celui qui est Là-haut sait quel sentiment j'ai de ma responsabilité. A plusieurs reprises, ces mois passés, les chefs responsables du gouvernement de l'Empire ont laissé comprendre d'une manière non équivoque à qui voulait l'entendre, que nous étions prêts en tout temps à tendre la main pour la paix. On a répondu en affirmant nettement la volonté d'anéantir, de démembrer et d'écraser l'Allemagne. Pour faire la paix, il faut être deux. Si les deux ne veulent pas, un seul ne peut rien, en supposant qu'il n'abatte pas l'autre.

Nous avons donc en face de nous la volonté absolue qu'ont nos adversaires de nous anéantir et à ce désir absolu de nous anéantir, nous devons opposer la volonté absolue de défendre notre existence. Votre [1] brave armée nous a montré cette volonté et son effet, soit dans sa marche en

---

(1) (2 et 3, p. 46). — L'empereur qui jusqu'à ce jour a parlé de l'armée et de la marine en disant *mon* armée, *ma* marine, pour la première fois — s'adressant au peuple, aux ouvriers — dit : *Votre* armée, *votre* marine, *vos* sous-marins.

avant, soit dans son mouvement de retraite, soit dans la guerre de position. Il ne s'agit que d'une seule chose : infliger à l'adversaire le plus de pertes possible. Cela s'est produit et se produit encore. Votre [2] marine, dédaigneuse de la mort, vous l'a prouvé, elle a battu au Skager-Rak un ennemi bien supérieur. Vos [3] sous-marins rongent l'adversaire jusqu'à la moelle, comme un ver destructeur, plus que nos ennemis ne veulent le reconnaître, bien que cela paraisse trop long à plus d'un parmi vous.

Il faut donner un soutien à ces exploits incomparables de notre armée et de notre marine, non seulement par notre travail, mais encore dans les pensées et les sentiments de notre peuple. Il s'agit non seulement de fournir à notre vaillante armée et à notre brave marine le matériel nécessaire et de quoi réparer les pertes, mais il faut encore que chaque Allemand et chaque Allemande sache que nous luttons pour notre existence et que nous devons faire le maximum d'efforts pour nous défendre victorieusement.

Je sais très bien que plus d'un parmi vous, au cours de cette longue guerre, a dû se poser souvent cette question : Comment cela a-t-il pu se produire, pourquoi fallait-il que cela nous arrivât, puisque nous avons eu quarante années de paix ? Je crois que c'est là une question qui mérite une réponse. C'est une question à laquelle il faut répondre aussi pour l'avenir, pour nos enfants et nos petits-enfants. J'y ai longuement réfléchi, moi aussi, et je suis arrivé à cette conclusion. Nous le savons tous depuis notre jeunesse, par notre situation actuelle et nos observations : en ce monde le bien lutte contre le mal, c'est ainsi que le Ciel en a décidé ; le oui et le non, le non de celui qui doute contre le oui de celui qui trouve, dirai-je volontiers ; le non du pessimiste contre le oui de l'optimiste, le non de l'incrédule contre le oui du Héros de la foi, le oui du Ciel contre le non de l'Enfer.

Eh bien ! je crois que vous me donnerez raison, si je dis que cette guerre est née d'une grande négation et si vous me demandez de quelle négation, je réponds : la négation du droit à l'existence pour le public allemand, la négation de toute notre culture, la négation de tout ce que nous avons accompli, de tout notre travail.

Le peuple allemand était laborieux, replié sur lui-même, aimait l'effort et montrait son génie inventif dans tous les domaines ; il travaillait physiquement et intellectuellement. Mais il y avait des individus qui ne désiraient pas travailler et voulaient se reposer sur leurs lauriers. C'étaient nos ennemis. Nous les gênions et cela par notre travail productif et notre développement productif : industrie, science, art, éducation du peuple, législation sociale, etc. Par là, notre peuple s'éleva et la jalousie naquit. La jalousie poussa nos adversaires au combat et la guerre s'abattit sur nous, qui ne soupçonnions rien. Et maintenant, comme nos adversaires voient que toutes les espérances qu'ils nourrissaient, pendant les années précédentes, étaient trompeuses, comme nos grands chefs d'armée — dont on a eu raison de donner le nom à vos nouveaux ateliers — leur ont asséné coup sur coup, à la jalousie s'ajoute encore la haine.

Or, mes amis, qui hait ? L'Allemand, le Germain ne connaît pas la haine ; nous ne connaissons qu'une colère loyale qui porte un coup à l'adversaire, mais quand il est terrassé, sanglant, nous lui tendons la main et prenons soin de sa guérison. La haine ne se manifeste que chez les peuples qui se sentent vaincus. Si donc mes compatriotes sont affligés ou s'étonnent de voir une haine si violente chez nos ennemis, la raison en est que leurs calculs se sont révélés faux. Quiconque connaît le caractère des Anglo-Saxons sait ce que signifie une lutte contre eux, il sait combien ils sont tenaces. L'année dernière en Flandre, où notre armée résista pendant des mois à une force cinq fois supérieure, j'ai dit : « Mes enfants, ce n'est pas une guerre comme autrefois, c'est un combat pour notre existence qu'on veut nous disputer. Au cours d'une telle lutte il faut combattre pied à pied. » Nous ne savons pas quand la lutte prendra fin, mais nous savons une chose : c'est qu'il faut soutenir le combat. Et maintenant, mes amis, laissez-moi encore attirer votre attention sur quelque chose.

Vous avez lu ce qui vient de se passer à Moscou : le grand complot contre le Gouvernement actuel. Le peuple démocratique des Anglais, régi par un Parlement, a essayé de renverser le gouvernement ultra-démocratique que le peuple russe a essayé d'établir, parce que ce gouvernement prenant en considération les intérêts de la patrie, a obtenu pour le peuple la paix vers laquelle il crie, alors que l'Anglo-Saxon ne veut pas encore la paix. C'est ainsi qu'apparaissent les choses. C'est une preuve qu'on sent son infériorité quand on a recours à de pareils moyens criminels.

Maintenant tout dépend des derniers efforts, c'est la partie suprême et parce que nos ennemis le savent, parce qu'ils craignent l'armée allemande, parce qu'ils voient qu'ils ne peuvent pas vaincre notre armée et notre marine ils essayent de nous désagréger à l'intérieur pour nous affaiblir par de faux bruits et en essayant de nous amollir. Cela ne vient pas du peuple allemand, ce sont des machinations sans fondement réel. Mais quiconque prête l'oreille à de tels bruits, quiconque répand des nouvelles non confirmées dans le train, à l'atelier ou ailleurs, est coupable envers la patrie; c'est un traître et des peines sévères le frappent, qu'il soit prince ou ouvrier. Je sais très bien que chacun de vous me donne raison sur ce point. Croyez-moi, ce n'est pas facile de porter chaque jour le souci de la responsabilité pour un peuple de 70 millions d'habitants et de voir, en outre, pendant plus de quatre ans toutes les difficultés et la détresse croissante du peuple.

Vous venez d'apprendre par les paroles amicales de M. Krupp, que je viens de voir l'impératrice malade, mon épouse bien-aimée et la mère du pays. Je suis resté au front pendant des années, toujours aussi près que possible, pour être près de mes troupes. Alors m'arriva la nouvelle de la maladie de l'impératrice. Tout époux parmi vous sait ce que cela signifie que de porter une aussi lourde responsabilité et de recevoir une pareille nouvelle. Avec l'aide de Dieu, l'impératrice est en voie de guérison, les trois semaines furent pénibles. Je suis chargé, en souvenir des belles heures que Sa Majesté a passées ici l'année dernière, de vous transmettre ses salutations les plus cordiales et les plus sincères et de vous inviter hommes, femmes et jeunes filles, à ne pas vous relâcher, à n'écouter que la voix de votre conscience et à faire votre devoir malgré les difficultés de l'heure, jusqu'à la paix.

La Sainte Écriture nous adresse une belle parole : « Jetez en lui tous vos soucis, il prend soin de nous ». Et puis cette autre parole : « Cherchez d'abord le royaume de Dieu, le reste vous sera donné par surcroît ». Cela veut dire que nous devons rejeter loin de nous les soucis terrestres, afin d'être libres pour nos devoirs. Comment pouvons-nous plaire à Dieu et attendrir son cœur? En faisant notre devoir. En quoi consiste notre devoir? A libérer notre patrie. Par conséquent nous avons aussi l'obligation de tenir avec toutes nos forces dans la lutte contre nos ennemis. Chacun de nous reçoit d'En haut sa tâche : toi, à ton marteau, toi, à ton tour, et moi sur mon trône. Mais nous devons tous compter sur l'aide de Dieu. Et le doute est la plus grande ingratitude envers le Seigneur. Et maintenant je vous le demande loyalement en toute simplicité : « Avons-nous donc des raisons de douter? Voyez donc quelles tâches formidables nous avons accomplies en quatre années de guerre! La moitié du monde était dressée contre nous et nos fidèles alliés, et maintenant nous avons la paix avec la Russie, la paix avec la Roumanie, nous n'avons plus à nous occuper de la Serbie ni du Monténégro. Il n'y a qu'à l'Ouest que nous combattons encore et le bon Dieu nous abandonnerait au dernier moment? Nous devrions avoir honte de notre faiblesse qui est la conséquence de la foi prêtée aux rumeurs. Avec les faits que vous avez vous-mêmes vécus, forgez-vous une foi solide en l'avenir de votre patrie.

Nous avons souvent, au foyer et en campagne, à l'église

et en plein air, chanté : « Notre Dieu est une forteresse solide », et ces paroles ont retenti dans l'azur du ciel et dans les nuées d'orage. Un peuple, où un tel cantique a pris naissance, ne peut pas être vaincu. Ce que je vous prie de faire, ce que je vous demande à vous, et par vous à tous les travailleurs allemands — qui se sont montrés si dignes d'éloges — et par vous, à tout le peuple allemand, se ramène à ceci : pour moi et mes rapports avec mon peuple, mes paroles du 4 août 1914 font autorité : Je ne connais pas de partis, je ne connais que des Allemands. Ce n'est pas maintenant le moment de nous diviser en partis ; nous devons tous nous unir pour former un bloc et c'est ici que ce mot est bien à sa place : « Soyez forts comme l'acier et le peuple allemand fondu en un bloc d'acier montrera sa force à l'ennemi ». Que celui donc qui, parmi vous, est résolu à répondre à mon appel, que celui qui a le cœur bien placé, que celui qui veut garder sa fidélité se lève et me promette au nom de tous les travailleurs allemands : « Nous voulons lutter et tenir jusqu'au bout ». Que Dieu nous aide dans cette tâche ! Et que celui qui a cette volonté réponde : « Oui » (*les assistants répondent en criant :* oui). Je vous remercie. Avec ce oui je vais maintenant retrouver le feld-maréchal. Il s'agit pour chacun de nous d'accomplir son devoir ainsi qu'il l'a juré et de fournir le suprême effort physique et intellectuel pour la patrie. Tout doute doit être banni de notre cœur et de notre pensée. Voici le mot d'ordre : Allemands, haut les glaives, haut les cœurs et tendons nos muscles pour le combat contre tout ce qui est dressé contre nous, si long que cela puisse être. Que Dieu nous aide dans cette tâche ! Amen ! Et maintenant au revoir.

(Norddeutsche Allgemeine Zeitung.)

PROCLAMATION DU 6 OCTOBRE 1918

La Bulgarie vient de signer un armistice avec les Alliés.
L'avance est générale sur le front occidental.

Aux troupes de terre et de mer,

DEPUIS des mois, l'ennemi se précipite en déployant une force considérable presque sans interruption contre vos lignes. Dans une lutte de plusieurs semaines souvent sans repos, vous avez dû tenir et faire face à un ennemi bien supérieur en nombre. C'est en cela que consiste la grandeur de la tâche qui vous est fixée et que vous remplissez. Des troupes de toutes les races de l'Allemagne font leur devoir et défendent héroïquement leur patrie sur le sol étranger.

Puissante est la résistance de ma flotte pour tenir contre les forces maritimes ennemies réunies et soutenir, à l'aide d'un labeur infatigable, l'armée dans ses pénibles combats. Le pays regarde avec fierté et admiration les exploits de l'armée et de la marine. Je vous exprime mon remerciement et celui de la patrie.

Au milieu du plus fort de la lutte se produit l'effondrement du front macédonien. Votre front n'est pas brisé et il ne le sera pas.

D'accord avec mes alliés, je me résous à offrir encore une fois la paix à l'ennemi, mais ce n'est que pour une paix honorable que nous tendrons la main. Nous le devons aux héros qui ont donné leur vie pour la patrie, à nos enfants.

On ne sait pas encore si les armes seront déposées. Jusque-là nous ne devons pas nous relâcher. Nous devons, comme auparavant, employer toutes nos forces pour résister infatigablement à l'assaut de nos ennemis. L'heure est grave ; mais, confiants dans notre force et avec l'aide clémente de Dieu, nous nous sentons assez forts pour défendre notre cher pays.

(Norddeutsche Allgemeine Zeitung.)

TABLE DES MATIÈRES

ÉDITIONS BOSSARD, 43, Rue Madame, PARIS (VIᵉ)

ÉMILE LALOY

La Diplomatie de Guillaume II

*Depuis son avènement
jusqu'à la déclaration de guerre de l'Angleterre*

(1888 - 4 Août 1914)

Monté sur le trône en juin 1888, Guillaume II alla en juillet 1891 à Osborne, pour annoncer à la reine Victoria qu'il déclarerait la guerre à la France au printemps suivant. L'attitude du gouvernement anglais, qui encouragea aussitôt Alexandre III à conclure l'alliance franco-russe, força l'empereur allemand à ajourner ce plan, lequel ne se réalisa qu'en 1914.

Presque tous les écrivains qui se sont occupés jusqu'ici de Guillaume II l'avaient dépeint comme un ami de la paix. Evidemment, c'était faux pour les débuts et l'aboutissement de son règne. Etait-ce vrai pour l'intervalle? M. LALOY, étudiant la politique de Guillaume II d'après ses actes et non d'après ses discours ou d'après les dires d'orateurs et d'écrivains payés ou suggestionnés, montre que Guillaume II a toujours *voulu* la guerre, et n'a attendu vingt-six ans pour la faire que parce qu'il avait conscience du danger qu'il courrait s'il s'y engageait sans être sûr d'être soutenu par ses alliés. Il n'aurait pas été entraîné à la guerre par le peuple allemand, il l'y aurait entraîné.

Indépendamment de ce que cette thèse, accessoirement énoncée par l'auteur et à laquelle le Président Wilson semble avoir donné l'appui de son *Message* du 6 avril 1916, a de curieux, le livre se recommande surtout par la richesse de sa documentation, qui utilise beaucoup d'ouvrages dont on ne s'était pas servi en France jusqu'à présent. En outre, il constitue une histoire *raisonnée* des luttes diplomatiques pendant les vingt-six années qui ont précédé la guerre. A ce titre, il s'adresse particulièrement aux personnes qui s'occupent d'histoire contemporaine et de politique.

Un volume in-8 (avec table analytique). *2ᵉ mille.* — Prix . . . .**6 fr.** »

JULES CHOPIN

(J.-E. PICHON, Lecteur chargé de Cours à l'Université tchèque de Prague)

L'AUTRICHE - HONGRIE
" BRILLANT SECOND "

PRÉFACE DE M. ERNEST DENIS, Professeur à la Sorbonne

La question autrichienne, inséparable de la question d'Orient, est prépondérante dans le conflit mondial. C'est, ne l'oublions pas, en Autriche que le feu a été mis aux poudres, et c'est en Autriche, espérons-le, non moins qu'en Allemagne, qu'à tout jamais il sera empêché de se rallumer.

M. JULES CHOPIN est un spécialiste de la question autrichienne. Les articles qu'il a fait paraître dans diverses revues ont été des plus remarqués. Aujourd'hui, M. CHOPIN publie un livre sur le même sujet. Nous y retrouvons le fond de ses articles, mais développé, augmenté d'études nouvelles, muni de références, suivi d'un Appendice documentaire fort important au point de vue de l'histoire.

En outre, M. ERNEST DENIS, l'éminent professeur de la Sorbonne, dont l'autorité en matière slave est incontestée, a écrit pour ce livre une *Préface* appelée à un grand retentissement.

Ce qui signale surtout ce livre, c'est la connaissance exacte des choses d'Autriche et de Hongrie que son auteur a pu acquérir au cours du long séjour qu'il fit à Prague. C'est sur place, *de visu*, lentement et profondément, que M. CHOPIN a pénétré les réalités conventionnelles, faisandées, déconcertantes, souvent monstrueuses de la monarchie dualiste.

M. CHOPIN était encore à Prague au moment où la guerre a éclaté. Il l'avait vue venir de loin, car la préméditation, depuis plusieurs années, était manifeste. Mais, c'est à partir du 28 juin, jour de l'assassinat de l'Archiduc héritier, qu'il en a noté dans les moindres détails la préparation accélérée. Il nous initie aux mystères de l'attentat, de l'enquête officielle, du procès, et nous fait vivre passionnément les péripéties de ce scandale. Son souci de la précision va jusqu'à lui faire tracer sur une petite carte le chemin suivi par les meurtriers. Aussi bien, des faits matériels se dégage pour lui une persuasion qu'il exprime en une thèse hardie, à savoir que François-Ferdinand, cherchant un prétexte pour déclarer la guerre à la Serbie, avait imaginé et organisé lui-même le complot de Serajévo, au cours duquel il trouva une mort qu'il n'avait pas prévue.

La guerre commencée, les Slaves de l'empire furent systématiquement persécutés, avec cette impudence dont la maison des Habsbourg a le secret, et écrasés au profit du plan de la *Mitteleuropa*, sur quoi M. CHOPIN nous apporte de nouvelles révélations.

Un volume in-8. 2ᵉ *mille*. — Prix . . . . **5 fr.** »

L'Abbé E. WETTERLÉ

Ancien député au Reichstag
et à la Chambre d'Alsace-Lorraine

LES COULISSES DU REICHSTAG

Seize années
de vie Parlementaire en Allemagne

PRÉFACE DE **M. RENÉ DOUMIC**
de l'Académie française.

Dans ce volume, M. l'ABBÉ WETTERLÉ, qui, pendant seize ans, appartint au Parlement de Berlin, nous raconte ses souvenirs. Ils sont du plus haut intérêt. Ils font vivre devant nous les parlementaires allemands connus, dont nous lisons quotidiennement les noms dans les journaux et nous initie aux usages de la représentation nationale allemande, qui n'a rien de commun avec le parlementarisme français, ainsi qu'au jeu des partis politiques, qui, au Reichstag, sont militairement organisés.

Seul, un homme qui partagea si longtemps la vie de ce milieu spécial pouvait nous en donner un tableau vivant et sincère. Ceux qui veulent connaître et pénétrer la mentalité allemande trouveront dans ce livre les renseignements documentaires les plus précieux. Ils se convaincront, notamment, que sous les différences des conceptions idéologiques, il existait une pensée pratique à laquelle tous les partis et tous les parlementaires allemands collaboraient, c'était « la préparation de la guerre contre la France ».

Ce nouvel ouvrage de celui qui, comme le dit si justement M. Doumic, « représente pour nous la fidélité de l'Alsace-Lorraine », contient donc un avertissement pour l'après-guerre. Il avertit le peuple français de ne plus se laisser frapper d'aveuglement.

M. René Doumic, de l'Académie française, a salué l'apparition du livre dans une LETTRE-PRÉFACE enflammée.

Un volume in-8 (avec un index des noms propres). 2e *mille.*
Prix . . . . **5 fr.** »